Aki a des soucis

Marie Vaudescal est née en 1977 à Tarbes dans les Hautes-Pyrénées. Enfant, elle passait tous ses week-ends à arpenter les montagnes avec ses parents. À cette époque, elle faisait aussi beaucoup de musique. À 18 ans, elle est partie à Toulouse étudier la psychologie. Vers la fin de ses études, en 2002, elle a commencé à écrire pour les enfants.

Du même auteur dans Bayard Poche :
Les orphelins du ciel - L'île des Géants - L'Ami des nuages (J'aime lire)

Christine Circosta est née en 1976 à Paris. Petite, elle adorait lire à la bibliothèque de l'école pendant la récréation ! C'est au collège qu'elle a commencé à dessiner en rêvant d'en faire son métier. Plus tard, elle a suivi les cours de l'École supérieure des arts à Bruxelles. Tout comme Aki, elle eu la chance d'admirer de magnifiques érables aux feuilles vertes, jaunes et rouges lors de ses nombreux voyages au Japon. Les livres et revues qu'elle a illustrés ont été publiés par Bayard, Fleurus, Lito, Larousse…

« Au pays de la Grue Blanche,
de Matsuo Bashô, des érables carmin…
Au Japon, dont nous apprécions
tant la culture. »

Dépôt légal : juin 2011
ISBN : 978-2-7470-3380-0
Loi 49-956 du 16 juillet 1949 sur les publications destinées à la jeunesse

Aki a des soucis

Une histoire écrite par Marie Vaudescal
illustrée par Christine Circosta

J'AIME LIRE
bayard poche

1
La visite du monstre

En voyant cette grenouille qui me fixait, j'ai récité le petit poème* que j'avais appris à l'école :

Avec moi se mesure,
du regard,
la grenouille.

Et je suis restée devant la mare. Les yeux plongés dans ceux de la grenouille, je ne pensais plus à ma meilleure amie, ni à tous mes copains de Tokyo. Je ne pensais plus à ma chambre, à ma classe, à ma rue…

* Haïku du poète Kobayashi Issa (1763-1827). Les haïkus sont des petits poèmes typiques du Japon.

Soudain, la grenouille a bondi et, dans un sursaut, j'ai glissé dans la boue.

– C'est pas vrai ! ai-je soupiré.

J'ai retiré mes sandales et j'ai rejoint la maison de Grand-Mère en courant. Sur mon passage, des dizaines de criquets se sont envolés.

Le jour où ils m'avaient laissée chez Grand-Mère, Papa et Maman avaient dit :

– Cela nous facilitera les choses que tu restes un peu ici. Il faut que tu sois grande, Aki.

J'ai neuf ans. Je suis grande ! Et j'ai fait mine de comprendre. Maman allait bientôt mettre un bébé au monde, elle était trop fatiguée pour s'occuper de moi, Papa rentrait trop tard pour le faire à sa place. Ce ne serait pas pour longtemps…

Voilà pourquoi, après les vacances d'été, j'ai déménagé chez Grand-Mère, à la campagne.

Mais ça me fatigue, la campagne.

En me voyant revenir pleine de boue, Grand-Mère a fait la grimace. Elle a commencé à me frotter les joues avec un torchon. Puis elle a déclaré :

– Tu es trop sale, Aki, c'est un bain qu'il te faut.

Après ma toilette, je me suis glissée dans la grande baignoire*. J'étais comme ça, immobile, à réfléchir au milieu d'un nuage de vapeur, quand quelque chose s'est mis à bouger sur le mur. Brusquement, j'ai tourné la tête, et là, horreur ! Mes yeux ont croisé deux yeux jaunes.

* Au Japon, on se lave avant d'entrer dans son bain.

J'ai sauté dans mon peignoir en hurlant :

– Au secours, Grand-Mère !

Je me suis habillée en quatrième vitesse, sans lâcher l'animal du regard.

– Grand-Mère ! Grand-Mère !

– Voilà, a lancé Grand-Mère du fond du couloir. On croirait que tu as vu un monstre.

J'ai hurlé de plus belle :

– Mais J'AI VU un monstre ! Là, en haut du mur, un gros lézard dégoûtant !

Grand-Mère a souri :

– Ça ? s'est-elle étonnée, mais ce n'est qu'un petit gecko, il est inoffensif.

J'ai répliqué :

– Ça mord, les geckos, je te signale.

– Pas tous, a dit Grand-Mère. Regarde, il a peur lui aussi, mais il est attiré par la vapeur du bain, il a sûrement soif.

Sans aucune pitié, j'ai crié :

– Tue-le !

– Si je me mettais à tuer tout ce qui te fait peur, il n'y aurait plus une seule bête dans toute la campagne !

– Tant mieux !

– Quand j'étais petite, a poursuivi Grand-Mère, il y avait un gecko qui venait me rendre visite dans la cuisine. L'avantage avec les geckos, c'est qu'ils sont très attentifs à ce qu'on leur raconte. Il faudra apprendre à vivre avec lui, Aki. Maintenant, tu es grande.

J'ai braillé en quittant la salle de bains :

– J'aime pas les geckos ! Ils ont les yeux qui ressortent trop !

2
Les garçons naissent dans les pêches...

Le soir, après le repas, cette glu de Mikio et sa mère sont venus nous rendre visite. Je n'avais presque rien mangé, à cause du gecko. Grand-Mère, Mikio et sa mère se sont mis à jouer aux cartes. Moi, je boudais de mon côté. Soudain, Mikio m'a demandé :

– Tes parents pensent trouver le nouveau bébé dans une pêche comme Momotaro*, ou dans un bambou comme pour Kaguyahime*, la princesse-lune ?

* Personnages de contes japonais.

J'ai aussitôt répondu :

– Ni l'un ni l'autre. On habite en ville, le bébé naîtra à la maternité !

Grand-Mère, qui n'aimait pas qu'on fâche les invités, m'a regardée durement. Puis elle s'est tournée vers Mikio :

– Tu aimes l'histoire de Momotaro, mon petit Mikio ?

Mikio a acquiescé en agitant la tête.

– Et tu voudrais que Aki te la raconte ?

Mikio a agité la tête une nouvelle fois. Je lui ai fait mes yeux de poulpe et j'ai finalement commencé :

– Il était une fois, un pépé et une mémé qui vivaient dans une petite maison moche, à l'entrée d'une forêt, tout aussi moche. Un jour, la mémé, terriblement moche, elle aussi…

– Aki ! a grondé Grand-Mère.

– De toute façon, cette histoire, je la connais, a fait Mikio. La mémé trouve une pêche qui flotte dans l'eau. Avec le pépé, ils la ramènent sur le bord. Ils pensent pouvoir la manger mais, au lieu de ça, la pêche s'ouvre en deux et paf ! C'est Momotaro qui en sort !

J'ai ronchonné :

– Si tu connais cette histoire, pourquoi veux-tu qu'on te la raconte, alors ?

Mikio m'a ignorée. Il s'est tourné vers Grand-Mère :

– Je pense, moi aussi, être sorti d'une pêche, a-t-il affirmé. Aki est une fille, ses parents l'ont sûrement trouvée endormie dans un bambou… Mais pour le nouveau bébé… À votre avis, pêche ou bambou ?

J’ai grogné en quittant la table :
– On s’en fiche complètement !
Ils m’ont tous regardée comme une bête sauvage qui aurait surgi d’un buisson.

3
L'embuscade

Pendant ces quelques mois que je devais passer chez Grand-Mère, j'étais obligée de suivre la classe dans une minuscule école de village. La plupart des élèves m'ignoraient ou parlaient derrière mon dos. Moi, je ne manquais pas une occasion de leur faire remarquer à quel point ils étaient nuls, eux et leur école ridicule. Il fallait bien que quelqu'un le leur dise…

Un jour, j'ai vu Masanobu, un garçon de la classe, qui traçait un terrain de base-ball avec un bâton dans la terre.

Je lui ai lancé :

– Dans mon école de Tokyo, on ne trace pas le terrain avec un bâton. On a des équipements neufs et des battes de marque.

Masanobu m'a regardée méchamment avant de cracher dans ma direction.

Vexée, j'ai fait remarquer :

– À Tokyo, les garçons sont polis avec les filles !

– Eh ben, retournes-y, à Tokyo ! a beuglé Masanobu.

C'est à partir de là que les choses se sont gâtées…

Ce soir-là, à la sortie de l'école, Masanobu m'attendait derrière un gros jujubier* avec ses copains…

* Jujubier : arbre à épines qui donne des fruits.

Je suis rentrée dans un état pitoyable. J'ai braillé, depuis la porte :

– Masanobu me jette de la terre et des cailloux !

Grand-Mère a accouru. Mes cheveux, mon visage et mes mains étaient plus sales que ceux d'un charbonnier, et mon genou droit était écorché, parce que j'étais tombée en tentant de me défendre.

– Que lui as-tu fait, à ce Masanobu ? a demandé Grand-Mère.

– Rien ! Il m'attendait sur le chemin avec deux autres, ils s'étaient cachés et, quand je suis passée, ils m'ont bombardée !

– Comme ça ? Sans raison ?

– Sans aucune raison !

Grand-Mère m'a consolée, puis elle m'a envoyée au bain. J'ai repensé au gecko, et j'ai dit :

– Je préfère me débarbouiller, ici, dans la cuisine.

– Il n'en est pas question, a répliqué Grand-Mère.

À contrecœur, je suis entrée dans la salle de bains. J'ai ouvert les robinets sans cesser de fixer le mur. J'ai versé un baquet d'eau sur mes cheveux, un deuxième, j'ai relevé la tête…

– AAAh ! J'en étais sûre !

Le gecko était là. Affolée, j'ai jeté une serviette sur ma tête et je me suis enfuie de la salle de bains en jurant de ne plus jamais y remettre les pieds !

4
Une collection d'ennuis

Pour Masanobu et les autres, c'est vite devenu un jeu de m'attaquer chaque jour à la sortie de l'école. Eux s'amusaient bien. Moi, je ne vivais plus. J'y pensais du matin au soir, mais je n'osais rien dire. Et comme à la maison j'étais terrorisée par le gecko de la salle de bains, j'avais pris l'habitude de m'arrêter à la fontaine d'un petit temple pour me débarrasser de la terre dont j'étais couverte.

Ça a marché un certain temps. Mais un soir, alors que j'étais à la fontaine, deux moines à la tête tondue ont surgi de derrière une haie.

– La voilà, notre grenouille ! a crié le premier.

– C'est donc toi qui viens patauger dans notre fontaine sacrée ! a grondé le deuxième. Sais-tu le temps qu'il nous faut pour nettoyer après ton passage ? Tu n'as donc pas de salle de bains, comme tout le monde ? Regardez-moi toute cette terre ? On dirait une taupe !

Effrayée, j'ai filé à toutes jambes.

– Qu'on ne t'y reprenne plus ! ont beuglé les moines.

Un peu plus loin, j'ai ralenti pour réfléchir : chez Grand-Mère le gecko, à l'école Masanobu, et maintenant ces moines ! Ma vie était en train de devenir un enfer. Et je ne voyais vraiment pas comment ça pouvait s'arranger. Une goutte de pluie s'est écrasée sur mon épaule, la première de toute une averse, et je suis rentrée en courant.

Le soir, pendant le repas, comme je fixais mon bol d'un air grave, Grand-Mère m'a confié :

– Ton papa a téléphoné aujourd'hui.

J'ai levé les yeux.

– Mais ne te réjouis pas trop, le bébé n'est pas encore né.

J'ai baissé la tête. Grand-Mère s'est rendu compte que quelque chose clochait.

Elle a enchaîné :

– Allez, je peux bien te le dire. Ton papa pense venir te chercher demain, après l'école, pour t'emmener quelque part. Une surprise !

Soudain, c'était comme si mon cœur se remettait à battre. Tout n'était peut-être pas perdu ! J'ai demandé tout d'un coup :

– Me chercher ? À l'école ? Devant le portail ?

Grand-Mère a éclaté de rire :

– Tu ne veux pas plutôt savoir où il veut t'emmener ?

– Ça m'est égal où il m'emmène, l'important, c'est qu'il vienne me chercher à la sortie de l'école !

5
Le grand détour

Le lendemain, j'étais tellement heureuse qu'en sortant de l'école, j'ai fait un grand geste amical à ce poisson-chat de Mikio. Ce soir, mon père venait me chercher et si Masanobu osait encore s'attaquer à moi, je ne donnais pas cher de ses oreilles. Je me suis postée devant le portail.

Encouragé par ma bonne humeur, Mikio est revenu à la charge :

– Alors ? Pêche ou bambou ?

– On ne pourrait pas parler d'autre chose ! Petite sœur ou petit frère, qu'est-ce que ça peut te faire ?

– J'aimerais bien être à ta place, m'a dit Mikio, tu as de la chance d'être l'aînée, tu vas pouvoir t'occuper du bébé.

De la chance ? Quelle nouille, ce Mikio ! Je ne lui ai même pas répondu. Il a demandé pourquoi je ne rentrais pas. J'ai expliqué que j'attendais mon père. Et j'ai attendu, jusqu'à ce que l'ombre de l'érable change complètement de direction. Mikio était toujours là. Il s'amusait à faire voler les ailettes qu'il détachait de l'arbre.

– Il est trop tard, a-t-il fini par dire. Ton père ne viendra pas.

– Si, il viendra ! Il a promis !

J'ai tendu le cou, pour voir sur le chemin. Papa n'arrivait pas. Par contre, le jujubier derrière lequel Masanobu avait l'habitude de se cacher bougeait encore. Mikio s'est levé pour partir. Brusquement, j'ai lancé :

– Mikio ! Attends ! Je t'accompagne… Après, tu m'expliqueras comment rejoindre la maison de ma grand-mère depuis chez toi.

– Je n'ai pas besoin qu'on m'accompagne, a fait Mikio, je peux rentrer tout seul.

J'ai répondu :

– Je sais bien, j'ai juste envie de marcher.

J'avais eu cette idée au dernier moment : Mikio habitait à gauche, le chemin sur lequel Masanobu m'attendait était à droite. Il me suffisait de faire un petit détour pour l'éviter !

Une fois arrivé devant chez lui, Mikio m'a indiqué le chemin pour rentrer chez ma grand-mère. À première vue, ça paraissait simple, mais les distances étaient beaucoup plus longues que prévu. J'ai dû demander plusieurs fois ma route avant de trouver le croisement dont m'avait parlé Mikio.

Quand je l'ai dépassé, il était déjà tard. Le chemin forestier que je devais prendre ensuite était plongé dans l'ombre. Je m'encourageais en pensant qu'au moins j'évitais Masanobu. Peu à peu, la nuit est tombée et j'ai continué ma route en pleurant.

Pourquoi tout ça m'arrivait-il ? Et pourquoi Papa n'était-il pas venu ? Je lui en voulais tant ! À droite, les coassements d'un crapaud m'indiquèrent que je passais près d'une mare. Derrière moi, quelque chose s'est brusquement envolé.

Quand je me suis retournée, une… non deux, non trois petites lumières dansaient sur le chemin. J'ai attendu qu'elles approchent sans oser bouger : c'étaient des lampions tenus par trois personnes !

– Qu'est-ce que c'est que ça ? a fait une voix d'homme.

– Mais, c'est une fillette ! s'est exclamée une femme. Masanobu, éclaire-moi !

Masanobu ? J'avais dû mal entendre. Le garçon s'est approché et je me suis décomposée : j'avais fait tout ce chemin pour l'éviter et je tombais sur lui ! Ses parents, qui l'accompagnaient, ont voulu savoir ce que je faisais ici, à cette heure. J'ai bafouillé :

– En rentrant de l'école, j'ai voulu prendre un autre chemin et je me suis perdue.

Masanobu a baissé le nez.

– Quelle idée de ne pas rentrer directement après l'école, a grondé son père, voilà ce qui arrive quand on ne pense qu'à s'amuser !

– Je ne m'amusais pas !

Sa maman a glissé un gilet sur mes épaules.

– Ne t'en fais pas, ma chérie, nous allons te raccompagner.

J'ai regardé Masanobu bien en face et il a rentré la tête, un peu comme les tortues.

J'ai finalement avoué :

– Je voulais éviter quelqu'un. Quelqu'un qui m'attaque après l'école.

– Quelqu'un t'attaque ? a questionné son père. Qui donc ?

Cette fois, je suis restée muette.

– Qui donc ? a-t-il insisté.

– Moi, a soudain lâché Masanobu. C'est à cause de moi qu'elle se cache.

Son père a fait une de ces têtes ! On aurait dit qu'il venait d'avaler une prune de travers.

Sur le chemin du retour, alors que Masanobu se faisait copieusement gronder, sa maman m'a expliqué qu'ils passaient par là pour se rendre à la fête que le village voisin organisait pour momijigari*.

J'ai répété, un peu surprise :

– Momijigari ? Je ne pensais pas qu'on fêtait l'automne ici aussi.

* Momijigari : fête japonaise qui célèbre la nature. Elle a lieu à l'automne, au moment où les arbres changent de couleurs.

La mère de Masanobu s'est mise à rire :

– Ce n'est pas parce que nous habitons la campagne que nous ne savons pas nous amuser !

Elle a continué :

– Cette année, pour finir la fête en beauté, il y aura l'illumination des plus beaux érables et un grand feu d'artifice.

J'ai pensé à ma vie à Tokyo et, tristement, j'ai murmuré :

– J'adore la fête de momijigari.

6
Une vraie surprise

Quand j'ai passé la porte de la maison, Grand-Mère était tellement soulagée de me voir qu'elle m'a embrassée et grondée tout en même temps. Papa aussi était là. Ils m'avaient cherchée partout. Ils ont chaleureusement remercié les parents de Masanobu de m'avoir raccompagnée.

– C'était la moindre des choses, a déclaré son père, d'autant que notre fils n'est pas pour rien dans tout cela.

Masanobu n'en menait pas large ! Son père lui avait demandé de s'excuser une bonne dizaine de fois.

Après leur départ, de grosses larmes ont commencé à couler sur mes joues, des larmes incontrôlables. Pleine de rancœur, j'ai demandé à mon père :

– Pourquoi tu n'es pas venu me chercher après l'école ?

Il a fait la grimace avant de répondre :

– On s'est mal compris avec Grand-Mère. Je t'attendais ici. Je ne pouvais pas savoir que ce garçon t'attaquait et puis j'avais une surprise un peu encombrante…

Il m'a montré un paquet qui trônait sur la table. Je m'en suis approchée en traînant les pieds. Il n'allait quand même pas s'en sortir comme ça ! Mais, en ouvrant le paquet, j'ai crié :

– Un kimono ! Il y a même un obi* et des sandales !

– J'ai pensé que tu serais heureuse de l'avoir pour aller à la fête de momijigari, a dit Papa. Tu aimes toujours fêter l'automne ?

* Obi : grande pièce de tissu que l'on noue autour de la taille pour maintenir le kimono fermé.

Je l'ai embrassé, folle de joie. Mon premier kimono. Il était magnifique ! Finalement, grandir avait de bons côtés. Grand-Mère m'a aidée à passer le kimono et nous sommes partis assister à l'illumination des arbres. Une fête de momijigari inoubliable !

7
Les yeux dans les yeux

Le lendemain, je suis retournée à l'école et, le soir, j'ai pu rentrer sans me faire attaquer. Autant dire que après les réprimandes de son père, Masanobu s'est tenu tranquille. C'était une bonne chose, mais il me restait quelques comptes à régler.

À mon retour de l'école, j'ai moi-même demandé à prendre un bain. Après ma toilette, je suis restée dans la salle de bains et je l'ai attendu. Il a tellement traîné que j'ai cru qu'il ne viendrait jamais. Mais ce petit gecko était plus collant que du sirop de pastèque. Au bout d'un moment, il n'a pas pu résister.

De mon nuage de vapeur, j'ai lancé :

– Enfin, tu pointes ton nez !

Une patte en l'air, le gecko s'est immobilisé. J'ai continué :

– T'es en retard, je te signale. J'ai des trucs à te dire.

Il a eu l'air d'attendre la suite. C'était le signal pour tout lui dire, tout ce qui me pesait. Je lui ai dit que je n'étais pas du tout contente d'avoir quitté mon école de Tokyo pour venir ici, que Masanobu était le plus grand idiot du Japon, que je le détestais, et que je détestais les bêtes, surtout les geckos.

J'ai pleuré, j'ai ri, je lui ai même parlé de mes parents et de mon kimono. Le gecko ne bougeait pas. Il écoutait. J'ai fini par dire :

– Je sais ce que tu penses, tu penses que je n'ai pas tout dit. Je les vois, dans tes gros yeux, les choses méchantes que tu penses !

Le gecko a fait comme s'il n'était pas concerné.

– Tu te dis que je ne suis pas sûre de vouloir d'un petit frère ou d'une petite sœur, pas vrai ?

– …

– Je sais que c'est ce que tu penses !

Le gecko a disparu.

Les feuilles ont fini par toutes tomber des arbres, et un jour, Papa et Maman sont venus me chercher… avec le bébé.

Au village, la nouvelle s'est rapidement propagée et les gens sont venus nombreux prononcer des vœux de bonheur pour notre famille.

Quand Mikio est arrivé avec sa mère, je lui ai lancé :

– Ils l'ont trouvée dans un bambou, c'est une fille !

Mikio et moi, on s'est penchés en même temps au-dessus du berceau. Ma petite sœur me fixait de ses yeux plus noirs que des pépins de pomme. J'ai souri en repensant à ce petit poème et j'ai dit, tout haut :

Avec moi se mesure,
du regard,
la grenouille.

Achevé d'imprimer en mai 2011 par Pollina
N° Impression : L57539A
Imprimé en France